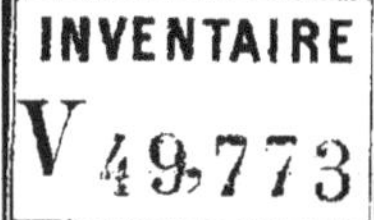

# ÉTAT ACTUEL

DES

# ARMES A FEU.

TRADUIT DE L'ALLEMAND
A l'École d'application de l'Artillerie et du Génie,

PAR

**DE POLIGNAC,**
Sous-lieutenant élève.

PARIS,
LIBRAIRIE MILITAIRE, MARITIME ET POLYTECHNIQUE
DE J. CORRÉARD,
LIBRAIRE-ÉDITEUR ET LIBRAIRE-COMMISSIONNAIRE,
Rue Christine, 1.

1853.

# ÉTAT ACTUEL DES ARMES A FEU.

Paris. — Imprimerie de H. Vrayet de Surcy, rue de Sèvres, 37.

# ÉTAT ACTUEL

DES

# ARMES A FEU.

TRADUIT DE L'ALLEMAND
A l'École d'application de l'Artillerie et du Génie,

PAR

**DE POLIGNAC,**
Sous-lieutenant élève.

PARIS,
LIBRAIRIE MILITAIRE, MARITIME ET POLYTECHNIQUE
DE J. CORRÉARD,
LIBRAIRE-ÉDITEUR ET LIBRAIRE-COMMISSIONNAIRE,
**Rue Christine, 1.**

1853.

## ÉTAT ACTUEL

# DES ARMES A FEU [1].

### I.

### Armes de l'Infanterie.

---

*Introduction.*

La découverte des armes à feu portatives, les perfectionnements successifs apportés dans leur construction et leur usage, firent de l'Infanterie la première des armes et apportèrent dans la tactique des modifications essentielles.

On abandonna l'ordre profond, tant pour diminuer l'action du feu de l'artillerie, que pour augmen-

---

(1) *Archives des officiers des corps royaux prussiens de l'artillerie et du génie*, volume XXIX, page 150.

ter celle des petites armes par l'ordre mince, et on fût amené à combiner le système de combat en ligne serrée, et par groupes disséminés, autant pour fournir à l'action plus puissante des armes à feu un champ plus vaste, que pour lui donner moins de prise dans la défensive.

L'imperfection primitive de l'arme, son grand poids (7 k., 50, maintenant 4 k., 90) l'impossibilité de s'en servir dans les luttes corps à corps, restreignirent à la distance de 100 mètres son tir, d'ailleurs très-incertain ; le feu était lent, l'arme n'était pas *une;* car même à côté du fusil, la pique conserva longtemps encore sa supériorité.

Gustave-Adolphe rendit les mousquets plus légers, plus maniables, introduisit l'usage de charger par cartouche et tant par ces perfectionnements que par l'extension des armes à feu (dont sa cavalerie même fût armée), il acquit sur ses ennemis une supériorité marquée, et décisive.

Le duc d'Anhalt-Dessau augmenta la rapidité de la charge, en donnant au soldat la baguette en fer et en inventant le bassinet. Ces améliorations assurèrent, à dater du milieu du XVIIIe siècle, la prépondérance à l'infanterie prussienne; la baïonnette, introduite vers la fin du XVIIe siècle et dont la forme définitive date du milieu du XVIIIe, rendit le fusil propre au combat corps à corps, et, jusqu'en 1815, c'est surtout par la puissance de son feu et l'usage de la baïonnette contre la cavalerie, que l'infanterie est devenue si redoutable.

---

## § 2.

### Armes carabinées à l'usage des armées.

Depuis la fin du XVIII$^{e}$ siècle on se servait d'armes carabinées pour les chasseurs et les tirailleurs, dans la guerre de siége; leur emploi remonte au XVI$^{e}$ siècle. Mises en usage par les tirailleurs américains (rifflemen) dans la guerre d'indépendance, elles furent plus tard employées dans les armées européennes, chez les Prussiens, les Autrichiens (Tyroliens), les Suisses; cependant leur usage fut d'abord restreint et ne put être étendu à la masse de l'infanterie, vu la lenteur et la difficulté de leur chargement, les munitions spéciales qu'elles exigeaient, les réparations fréquentes du canon, dont les rayures s'émoussaient aux arêtes. Dès 1825, on tenta de donner au fusil d'infanterie une forme qui le rendît propre aux deux buts qu'on se proposait. En Angleterre, on fit des armes avec deux rayures (droites ou faiblement infléchies) et à balle forcée; par là on n'atteignait aucun des buts cherchés; tirait-on avec des balles ordinaires (à balles roulantes), ces rayures laissées ouvertes ne pouvaient que nuire; tirait-on à balles forcées, l'action directrice des rayures qui ne touchaient la balle qu'en deux points de sa surface était insuffisante pour l'assurer dans sa direction, de sorte qu'elle ne recevait pas une rotation régulière. Quand les rayures étaient droites, il n'y avait pas de rotation, et la justesse y gagnait encore moins. L'infanterie anglaise et l'infanterie brunswickoise portent encore quelques armes de ce modèle.

Des balles mieux faites, une poudre soigneusement fabriquée et agissant par suite d'une manière plus uniforme, des cartouches perfectionnées, améliorèrent sans doute l'usage du fusil qui, cependant, dans la main la plus habile était encore une arme peu précise.

---

## § 3.

### **Fusils se chargeant par la culasse.**

En 1835, Robert et Lefaucheux cherchèrent à donner aux armes à feu une action plus puissante en revenant aux fusils se chargeant par la culasse (la plus ancienne forme) ; la charge, commodément placée dans la partie la plus large de la culasse, póussait la balle à travers la partie plus étroite du canon, de sorte que la balle se forçait elle-même et n'avait aucun jeu. Dans ce trajet le projectile suivait sans doute l'axe du canon, mais l'absence de rotation dans le récepteur, et la rotation désordonnée qui en résultait dans le reste de la trajectoire, n'augmentaient pas la justesse du tir ; la nature et l'action réelle des rayures demeurèrent très-peu nettes jusqu'en 1847, il en fût de même pour la forme des projectiles jusqu'à ce que le général Piobert eût démontré que la forme sphérique était la meilleure. Pour charger de pareils fusils la baguette devenait inutile, on pouvait charger aisément dans toutes les positions, mais le mécanisme de la fermeture à la culasse était rapidement détérioré par des morceaux de plomb arrachés à la balle, et violemment refoulés en arrière. Lorsqu'on donnait aux fusils de ce système, un canon uni et ne laissant aucun jeu à la balle, les résultats de tir n'étaient point supérieurs à ceux qu'on obtenait avec les fusils ordinaires.

Les fusils rayés de cette espèce (fusils de rempart français) donnaient à la vérité un tir préférable, mais la fermeture de la culasse se détériorait encore plus vite.

—

## § 4.

### Système percutant.

Malgré tous les essais d'amélioration on conserva jusqu'en 1842 la construction du fusil d'infanterie prescrite en 1822, tout en l'améliorant en Prusse comme dans les autres contrées, (surtout en France et en Angleterre), par l'introduction du système à percussion.

Grâce à ce perfectionnement, une arme à feu pouvait, non-seulement servir sans précautions minutieuses dans toutes les saisons, mais de plus, devenait d'un usage bien plus puissant et mieux entendu, puis qu'on épargnait la poudre, qu'on rendait la charge plus uniforme (en effet il n'y a plus comme autrefois à craindre soit de répandre trop de poudre en remplissant le bassinet, soit de diminuer la force d'expansion par l'ouverture de la cheminée).

En France on abandonna les expériences relatives aux armes se chargeant par la culasse ; mais on chercha toujours à perfectionner le fusil d'infanterie et à en faire une arme aussi facile à manier et aussi sûre que la carabine.

—

## § 5.

### Amélioration du fusil d'Infanterie, au moyen de cannelures et projectiles cylindriques (tronc conique).

(Delvigne, Pontcharra, Thouvenin et Thierry).

Le capitaine d'infanterie Delvigne, pensa le premier à canneler le fusil ordinaire et à diminuer le diamètre de la partie du canon qui reçoit la charge de poudre afin que le projectile ne fut arrêté que par les rebords de ce rétrécissement.

Ce projectile consistait dans un cylindre en plomb du diamètre d'une balle ordinaire, et terminé antérieurement par une pointe ogivale, on l'enfonçait dans le canon du fusil au moyen d'une baguette creuse qui enveloppait la pointe de la balle et l'appuyait contre les rebords en forçant la partie cylindrique dans les cannelures, sans détériorer la partie ogivale.

Les premiers essais furent très-satisfaisants, cependant il arrivait fréquemment que le plomb cédait dans le sens du canon et allongeait ainsi le projectile, qui dès lors n'était plus du tout dirigé par les cannelures ou pour le moins l'était d'une manière peu sûre.

M. Pontcharra, colonel d'artillerie, chercha à remédier à cet inconvénient au moyen d'un petit sabot en bois, qu'il assujettissait sur le projectile, mais par là, les munitions devenaient plus compliquées, leur confection plus difficile, et le but ne se trouvait pas complètement atteint, car les sabots se brisaient souvent et l'allongement du projectile avait encore lieu.

M. Thouvenin, général d'artillerie, parvînt enfin à forcer la balle d'une manière plus sûre, au moyen d'une tige en acier d'une hauteur de 4 centimètres environ et de 8 milimètres de diamètre, solidement fixée à la vis de culasse dans le sens du canon.

La charge de poudre qui se trouve autour de cette tige n'est nullement altérée par la pose du projectile, qui, tant que la tige est fixe et dirigée dans l'axe du canon, est forcée dans les cannelures et s'y imprime fortement dans toute sa partie cylindrique, ce qui lui donne une direction bien plus certaine que celle qu'on obtient avec les balles sphériques. En Algérie, les chasseurs d'Orléans pendant les années 1845 et 1847, firent des carabines à tige un usage très-redoutable, et très-redouté des Arabes.

En employant un projectile pesant 46 grammes et avec une charge de 6 gr. seulement, on obtenait encore une action meurtrière à 600 et 750 mètres, et une justesse égale à celle qu'on exige des carabines ordinaires à la distance de 300 mètres; il faut encore ajouter à ces avantages, ceux qu'entraîne la facilité de la charge et la simplicité des munitions.

L'action des carabines fut encore augmentée par M. Thierry, général d'artillerie, après un certain usage, les cannelures s'encrassaient et rendaient la charge plus difficile ; pour remédier à cet inconvénient, il imagina d'entourer la partie inférieure du projectile avec un fil de coton, et de mettre par dessus une sorte d'enduit gras, qui devait nettoyer les cannelures; pour fixer le fil, trois rainures circulaires étaient tracées dans la partie inférieure du projectile.

Mais, dans le tir le fil se cassait souvent, et causait au projectile de grandes déviations, on abandonna donc le fil et les rainures, mais la justesse du tir en fut beaucoup amoindrie. On reprit alors les rainures, on enduisit le fil d'un mélange de suif et de cire, et on obtint ainsi une justesse beaucoup plus grande, (le mouvement de la toupie explique l'effet des rainures).Tous les essais faits pour donner au projectile un mouvement régulier de rotation autour de son axe, au moyen de rainures seules de forme circulaire ou hélicoïdale, creusées soit le long de la partie cylindrique de la balle soit seulement à sa base, ont prouvé que la chose était impossible.) Leur nombre variait de 4 à 6, leur profondeur de 0,002 à 0,0025.

De son côté, la Prusse suivit tous ces progrès, par des expériences spéciales,faites sur une grande échelle et qui apportèrent des améliorations dans les armes à feu. Voici au sujet des carabines Thouvenin ce qui parût le plus important à étudier :

1°. Donner à la tige une position fixe et précise ; sans doute en vissant ou sondant la tige à la vis de culasse on obtient une solidité suffisante pour résister à plusieurs milliers de coups ; mais à la longue, la tige résiste moins bien à l'effet de la rouille qui se forme rapidement et en grande quantité, à cause de la difficulté de nettoyer la culasse dont la capacité est rétrécie par la tige. La tige devient alors vacillante, s'écarte de l'axe du fusil, et le tir devient très-incertain. De petits écouvillons creux, pouvant embrasser la tige, ne remédient pas à cet inconvénient.

2°. Les projectiles de la carabine Thouvenin, pesant 44 grammes, chargent le soldat plus qu'il ne l'était jusqu'à ce jour, à moins qu'on ne fixe à 40 le nombre de cartouches que le soldat doit porter avec lui, nombre qui, vu la grande facilité du tir de la carabine à tige, paraît à peine justifié pour l'usage actuel.

3° Les ennemis du nouveau système demandent quel est l'avantage d'une si grande portée, dont l'estimation à l'œil leur est presque impossible. La stadia des Français, les télescopes des Anglais, les nouveaux télémètres allemands et français et tous les instruments analogues inventés jusqu'à ce jour, ont été trouvés d'un usage inapplicable en campagne.

4° Signalons un avantage particulier de l'arme Thouvenin : grâce à la certitude qu'on a d'atteindre le but avec la pointe du projectile, on pourrait y adapter une capsule qui ferait explosion par son choc contre l'obstacle. Pour bourrer, il faudrait toujours se servir d'une baguette creuse afin de préserver la pointe et d'éviter tout danger d'explosion dans la charge. Ces projectiles traversent encore sûrement des planches épaisses d'un pouce, à une distance de plusieurs centaines de pas, et même à 100 pas des plaques de fer derrière lesquelles ils vont faire sauter les provisions de poudre de l'ennemi. Des tirailleurs munis de pareils projectiles peuvent donc être d'un grand danger pour l'artillerie; c'est une raison de plus pour que nous en fassions usage nous-mêmes, et que nos tirailleurs soient en mesure de tenir ceux de l'ennemi à distance de nos batteries.

---

## § 6.

### Carabines de Wils.

Cependant les Tyroliens et les Suisses, jusqu'alors tireurs sans égaux, avaient mis tout en œuvre pour conserver leur réputation, si longuement établie, d'habile maniement de la carabine, réputation qui se trouve maintenant mise en litige par les Français qui, cependant, jusqu'à ce jour, ne passaient pas pour d'excellents tireurs de carabines et n'avaient jamais attaché à ce tir une grande importance.

Wild (un Suisse), trouva moyen, grâce à un grand nombre de cannelures plates (ce nombre allait jusqu'à 12) et à l'emploi d'un enduit humecté d'eau qui rendait la charge très-facile et maintenait les cannelures propres, à faire une carabine qui, à 500 pas, tirait aussi juste que les carabines Thouvenin à 600. Il évita ainsi tous les embarras qu'entraîne avec soi la fixation de la tige, mais il ne remédia point au rapide usé des cannelures, à la nécessité imposée au tireur de faire subir une préparation à la charge; de plus le tir et la charge ne se faisaient toujours que lentement.

## § 7.

### Fusil à aiguille et sa comparaison avec le fusil Thouvenin.

Dreyse de Samerda, poursuivait, depuis 1835, son idée de rendre solide le mécanisme des fusils se chargeant par la culasse, afin de pouvoir tourner à la fois au profit de son invention tous les avantages provenant de la suppression de la baguette et ceux adhérents au système Thouvenin. On ne peut plus douter si la chose lui réussit, puisque les 60,000 armes construites d'après son modèle pour nos fantassins, ont été éprouvées par les exercices faits pendant plusieurs années de paix et aussi dans quelques campagnes, courtes à la vérité.

Ce système réunit tous les suffrages quant à la justesse et à la portée qui s'étendent à 800 mètres, quant à la légèreté du projectile qui ne pèse que 2 loth (once prussienne), et quant à la solidité et à la facile réparation de l'arme ; de sorte que les carabines à aiguille doivent maintenant être adoptées; toutefois la fabrication délicate de la capsule qui met le feu, présente encore quelques difficultés, circonstance qui, d'ailleurs, ne semble pas devoir entraîner plus d'embarras que la confection des capsules employées maintenant pour toutes les autres armes.

Tout le monde civilisé connaît et ne conteste nullement les avantages de nos fusils à aiguille, mais on ne doit pas s'étonner si, néanmoins, d'autres puissances ne les adoptent pas, car le changement de tout un système d'armement dans un grand Etat est une chose toujours fort coûteuse.

Les carabines et fusils de rempart, d'après le système Thouvenin, furent surtout employés chez nous en nombre suffisant pour la défense des places. Aux distances de 800 à 1,000 pas, elles seraient très-efficaces contre des canonniers isolés, mais surtout contre les sapeurs, contre des gabionnades et les artilleurs dans les batteries. Nos carabines de chasseurs furent aussi modifiées d'après le même principe.

En France, on s'en tint fermement au système Thouvenin jusqu'au commencement de cette année et, sans se faire illusion sur l'ébranlement de la tige après un service long et constant, on affecta cependant annuellement au budg t une somme de 1 million et demi de francs à la conversion graduelle des fusils d'infanterie, modèle 1842, en fusils nouveau système (1). Des expériences sur la durée de l'arme avaient prouvé que la tige résiste à plusiers milliers de coups, et exige ensuite une légère réparation facile à faire; d'ailleurs cette arme n'était surpassée en justesse par aucune autre arme, et la rapidité du tir était suffisante.

(Voir à la fin du cahier la notice sur le fusil à aiguille).

---

## § 8.

### Fusils et projectiles d'après le système de Minié.

Déjà, vers la fin de 1849, M. Minié essaya un nouveau système au moyen duquel la balle serait forcée

---

(1) L'auteur a été mal informé, cette transformation n'est pas encore en voie d'exécution.

dans les cannelures, sans le secours de la baguette et de la tige, et acquérait dans le canon une rotation constante autour de son axe.

Les expériences étendues, faites à Vincennes au commencement de cette année, donnèrent des résultats si favorables, qu'on parla de la transformation des fusils du système Thouvenin.

M. Minié part de ce principe : la tige et l'usage de la baguette présentent des inconvénients. Elles ne servent qu'à forcer dans les cannelures la surface du projectile. On doit les mettre de côté et chercher à obtenir le forcement de la balle, sans nuire à la position favorable de la charge au centre du canon ou à aucune des propriétés utiles de l'arme.

Il cherche à atteindre son but au moyen d'une balle en plomb de forme cylindro-ogivale, creuse dans sa partie cylindrique, et fermée à sa partie inférieure par une sorte de petite capsule ou culot en fer, de forme conique à l'extérieur. Le projectile ayant un jeu à peu près égal à celui de Thouvenin, glisse facilement dans le canon jusqu'à la culasse, qu'on a un peu rétrécie à l'endroit de la charge ; lorsque la charge s'enflamme, elle chasse la capsule en fer dans le projectile creux, écarte ses parois latéraux et le force à suivre les cannelures.

Chez nous on fit aussi des expériences semblables; on trouva qu'il était difficile d'organiser la partie creuse de la balle de manière à ce qu'elle soit toujours forcée d'une manière identique par la capsule en fer ; cependant le nouveau système promet une notable simplification et ne manquera pas de contribuer à l'amélioration des armes actuelles.

De plus, cette forme donnée à la balle, permet de lui conserver le poids qu'elle avait jusqu'à ce jour, et de porter dans sa partie antérieure le centre de gravité, circonstance très-favorable pour la justesse du tir.

§ 9.

## Coup d'œil sur l'état actuel du fusil d'infanterie.

Jetons un coup d'œil sur l'état actuel du fusil d'infanterie. Nous trouverons que, pour les combats de tirailleurs, son action est beaucoup augmentée et surtout dans les armées prussienne et française; chez l'une par le fusil à aiguille, chez l'autre, jusqu'à présent encore, par le fusil et la carabine Thouvenin. L'infanterie devient maintenant redoutable à l'artillerie à une distance de 800 pas ; le tir de mitraille se trouve par là restreint à des cas fort rares, et un bataillon dont les tireurs seraient munis d'armes pareilles, présenterait à une attaque de cavalerie bien plus de difficultés qu'autrefois, puisque celle-ci serait déjà atteinte à 800 pas par l'infanterie, qui aurait encore facilement le temps de se préparer à une décharge plus rapprochée. Mais pour que ces armes conservent leurs bonnes propriétés, elles exigent (surtout le fusil à aiguille) un entretien très-minutieux, d'ailleurs les munitions de ce dernier fusil sont difficiles à fabriquer, et, dans l'arme Thouvenin, le transport de l'approvisionnement nécessaire est rendu plus fatigant puisque son projectile pèse 1/3 de plus que les balles ordinaires.

Le tir à 400 pas et au delà exige une grande habitude dans l'estimation exacte des distances sans laquelle le tir devient plus incertain comme justesse, bien que les erreurs ne soient pas encore comparables à celles des armes lisses, sur lesquelles on ne peut compter, même dans les mains du tireur le plus exercé, que pour frapper un but très étendu, puisque par exemple, à deux cents pas, une mire de 12 p° de diamètre n'est atteinte que par une balle sur 150.

La plus grande portée et la plus grande justesse des armes augmentera peu l'effet produit par l'infanterie, tirant en ligne ou en masse. Le soldat est gêné par celui qui est à côté, celui qui est derrière par la fumée, la poussière ; les salves ne seront pas plus décisives qu'autrefois, et pour décider un engagement contre de l'infanterie, il sera toujours nécessaire, comme par le passé, de l'aborder à la baïonnette : par contre, le feu des tirailleurs devenant beaucoup plus redoutable, préparera d'une manière plus efficace ce dernier acte d'une bataille.

Dès qu'on pourra apercevoir des masses arrêtées ou s'approchant, on pourra leur faire beaucoup de mal à la distance même de 800 pas, surtout si on a affaire à de l'artillerie ou à de la cavalerie ; le refoulement d'une ligne de tirailleurs par la cavalerie sera, même dans un terrain plat et découvert, une entreprise très-dangereuse.

L'artillerie, dont la mitraille ne porte qu'à 600 pas, en pourra rarement faire usage contre l'infanterie, elle doit se tenir à 800 pas (autrefois 300) des tirailleurs ennemis, et doit pour cela se couvrir elle-même d'un rideau étendu de tirailleurs armés de fusils rayés.

Pour que l'infanterie tire de ces nouvelles armes tout l'avantage possible, il semble convenable d'incorporer ceux qui en sont munis, dans l'unité tactique, le bataillon, afin qu'ils se trouvent à sa disposition pour le combat de tirailleurs ; à cet effet, une compagnie de chaque bataillon serait spécialement désignée pour ce genre d'action, et recevrait en conséquence les nouvelles armes.

Dans les bois et les terrains couverts, le fusil ordinaire suffit. Le 3me rang continuera à fournir les tirailleurs, les armes de précision demandant un champ de tir vaste et libre.

A propos de petites armes à feu, on doit remarquer en terminant, que tout nouvellement plusieurs puissances ont essayé d'améliorer la cavalerie en lui donnant des armes à percussion, et des carabines rayées ; cependant les hussards et les dragons, qui par escadron, ont presque la moitié de leurs hommes armés de carabines, ne pourront tirer partie de la justesse des armes nouvelles, que si les tireurs s'en servent en mettant pied à terre : ce qui dans certains cas paraît devoir être avantageux.

II.

## DES BOUCHES A FEU ACTUELLES

### ET DE LEURS PROJECTILES.

Gustave-Adolphe rendit l'artillerie de campagne mobile ; il introduisit la charge par cartouches, par boîtes à balles, depuis ce temps l'organisation des pièces fit de grands progrès, grâce aux travaux de Vallière, de Gribeauval, grâce à la fonte plus soignée des bouches à feu, à la construction plus rationnelle de l'affût, à la fabrication perfectionnée de la poudre et des projectiles.

Napoléon ne fit que perfectionner l'usage des pièces qu'il trouva ; pendant son temps, on n'avait pas le loisir de faire des expériences, de perfectionner le matériel qui cependant gagna beaucoup par l'emploi plus étendu du fer forgé, dans les voitures et les affûts (qu'on se rappelle seulement l'adoption des essieux en fer) (1).

---

## § 2.

### L'artillerie de 1815 à 1828. Fusées Shrapnels.

La fin de la guerre de 1813 à 1815, ne semblait promettre qu'une courte paix. Toutes les puissances cherchèrent à organiser leur matériel, plutôt en vue de la solidité et de la commodité des manœuvres qu'en vue du perfectionnement qu'on doit chercher par plus de mobilité, et un effet plus grand.

Ce n'est qu'après plus de vingt ans de paix, qu'on essaya quelques inventions qui paraissaient devoir influer sur la manière de combattre. Nous citerons les fusées incendiaires de Congrève introduites en Angleterre, en 1804, et les shrapnels employés dans le même pays depuis 1809.

Bien que les premiers essais de ces deux armes ne furent suivis nulle part d'un effet marquant, on crut cependant pouvoir arriver au but par cette voie.

---

(1) L'adoption des essieux en fer date en France de 1766. Ce perfectionnement est dû à l'illustre Gribeauval.

Grâce à la grande portée, au choc puissant des fusées, on se flattait de trouver en elles une arme applicable non-seulement à la guerre de siége, mais encore à la guerre de campagne ; les fusées auraient remplacé les canons ; car, dans bien des cas, ceux-ci sont difficiles, voire même impossible à mettre en batterie ; les fusées au contraire, montées sur un pied facile à transporter, peuvent être employées partout et même par des hommes isolés. Quant aux progrès de ces armes jusqu'à ce jour, nous remarquerons seulement que, les fusées de campagne ont été dernièrement employées contre les Hongrois et les Piémontais, et que, de l'avis des officiers de ces deux nations, elles n'ont produit nulle part de grands effets ; le siége de Venise n'a rien prouvé non plus quant à leur effet utile dans les guerres de siége ; cependant les expériences de Metz ont montré que leur effet serait très-destructeur contre les batteries de brèche et les contre-batteries.

L'Angleterre, l'Autriche, la Saxe, le Danemark, la Prusse et dernièrement la France, ont beaucoup fait pour le perfectionnement des fusées. Cependant on doit toujours leur préférer les canons, partout où ces derniers peuvent être placés convenablement pour agir, en sorte que l'idée de renforcer une ligne d'infanterie par un grand nombre de fusées qu'on pourrait rapidement mettre en batteries devant son front, doit rester comme une fantaisie du général Marmont ; fantaisie dont l'exécution serait d'autant moins utile maintenant, que l'arme du soldat d'infanterie est une arme bien plus juste et de plus grande portée qu'elle ne l'était à son époque.

Au contraire, les shrapnels donnent aux bouches à feu une complète compensation pour la longue portée des petites armes et l'usage restreint de la mitraille. L'Angleterre, la Prusse, la Belgique, le Hanovre, ont appliqué ce système avec grand succès; on est parvenu à lancer à 1200 pas des projectiles creux remplis de balles, au moyen des canons de campagne et d'exercer à cette distance une action meurtrière sur les hommes et sur les chevaux.

Ce nouveau tir ne dépend pas du terrain comme la mitraille, le projectile passe par-dessus les inégalités du terrain, les fossés, les marais ; lorsqu'il est à une hauteur de 10 à 15 pieds du sol, et à 109 mètres ou 150 pas de l'ennemi, soit que celui-ci se trouve en bataille, soit qu'il marche en colonne, se présentant de flanc ou de front, le projectile brise son enveloppe, et lance avec une force irrésistible 60 balles (lorsqu'on se sert de petits canons de campagne), ou 110 à 120, lorsqu'on tire avec les obusiers.

1/3 de ces balles, ainsi que des débris du projectile lui-même frappent avec une force suffisante une cible de 6 pieds de haut, 40 pouces de large, et 20 pieds de profondeur.

Le secret de ces projectiles est d'avoir une fusée qui agisse juste à l'instant voulu. La pyrotechnie a résolu ce problème d'une manière complète ; le tir d'un pareil projectile armé de sa fusée suffit pour donner une mesure exacte de la distance, et corriger une erreur d'estimation.

L'action des shrapnels est d'autant plus énergique que l'enveloppe est plus grande ; d'ailleurs lorsqu'on emploie les balles les plus petites (balles de fusil) et en plus grand nombre possible, elles ont encore à la distanee de 1,200 pas la vitesse d'une balle lancée à 300 pas par un fusil ordinaire.

Les grands calibres ont donc un grand avantage sur les petits, puisqu'ils ont une charge calculée pour agir sur un projectile très-lourd ; que par cela même ils ont une distance de tir fort grande, ce qui est avantageux, puisque les surfaces atteintes par les balles augmentent avec la distance du point d'éclatement.

Les canons de 8, 9, 12 livres agissent plus énergiquement que celui de 6 ; les longs obusiers de 7 plus que les courts ; c'est pourquoi dernièrement on a attaché une grande importance à l'adoption des canons courts de 12, à la place de ceux de 8 et de 6.

Si les canons de 12 ne sont pas aussi faciles à mouvoir que les autres, on peut cependant leur donner une légèreté suffisante pour tous les services de l'artillerie à pied, dans la guerre de campagne.

Outre la plus grande puissance qu'on a donnée à l'artillerie par cette nouvelle mesure on est parvenu encore par là à une simplification notable.

## §. 3.

### Perfectionnements dans les projectiles.

Une grande précision, des principes rationnels dans la fabrication des pièces et dans la fonte des projectiles, ne laissèrent plus, dans les dernières années, l'espoir de perfectionner davantage la justesse du tir par l'amélioration de l'âme de la pièce ; on s'appliqua donc surtout à rendre les pièces aussi légères que possible, à améliorer les projectiles et les charges. On restreignit dans d'étroites limites la tolérance admise pour la réception des projectiles, on exigea une sphéricité parfaite, un poids constant pour chaque calibre, une surface extérieure très-lisse pour tous ces projectiles, et une surface intérieure très-soignée, même pour les projectiles creux, auxquels on donna, d'ailleurs par une heureuse application du principe d'excentricité, une justesse inespérée.

Quant aux projectiles pleins, ce principe n'aurait pu s'appliquer avec fruit, puisqu'on ne peut pas ici régler la position du centre de gravité (à moins de frais considérables, à moins de creuser, percer les boulets, et de les remplir partiellement de plomb), et que les ricochets du projectile dans des canons un peu longs troublent sa rotation.

Presque toutes les artilleries essayèrent de tirer des projectiles cylindro-coniques ou cylindro-ogivaux avec un canon à âme non rayée; mais comme un pareil projectile devrait nécessairement avoir un certain jeu, la poudre le faisait balloter, pressant son extrémité tantôt en haut, tantôt en bas de l'âme, ce qui causait des logements et des refoulements qui souvent détérioraient fortement le canon, et dans tous les cas il ne fournissait qu'une trajectoire très-irrégulière.

Dans un compte rendu du journal américain *Navy*, on lit à ce propos la phrase suivante :

» On tira aussi avec des projectiles cylindro-co-
» niques, pour démontrer aux jeunes officiers de la
» marine et de l'artillerie l'absolue incertitude de
» pareilles armes. »

---

## §. 4.

### Canons à la Paixhans.

Dans l'année 1824, le colonel Paixhans avait cherché à donner une grande prépondérance à la marine de la France et à la défense de ses côtes, en recommandant les canons-obusiers de 8 à 10 p° (et même des obusiers de 12 livres longs) montés sur des affûts assez légers, pour l'armement des vaisseaux de guerre, et des batteries de côte ; il voulait que la marine fît usage de gros projectiles creux. Les premiers essais dans cette voie prouvèrent qu'à 2,400 ou 5,000 pas, la portée et la justesse étaient encorè fort grandes. D'ailleurs ce n'était pas une affaire très-grave de transporter sur des vaisseaux des pièces pesant 6,400 livres ou 1,100 livres, et encore moins de les mettre en batterie, puisque ces pièces en tirant de plein fouet agissaient avec beaucoup plus de justesse que les mortiers, et pouvaient d'un seul coup anéantir tout un vaisseau.

Aucune arme ne fut accueillie plus promptement, plus généralement ; et déjà en 1840 toutes les marines en étaient pourvues. Quelques-unes de ces pièces fixées sur des vapeurs de guerre au moyen d'affûts à vis, suffirent pour leur donner l'avantage sur des vaisseaux à voile, munis de la plus nombreuse artillerie de toute espèce. Depuis 1842 les grands vaisseaux à voile en reçurent aussi quelques-unes afin de rétablir un peu l'équilibre entre leur force et celle des bateaux à vapeur.

Les Américains commencèrent à forcer leur canon de 42 livres pour l'approprier à ce nouvel usage. Ce furent eux qui, rivalisant avec les Anglais, cherchèrent à faire plus qu'il n'était nécessaire en armant leurs vaisseaux de canons-obusiers de 12 p et au-dessus ; car il est clair qu'un projectile de 8 p° peut tout aussi bien qu'un projectile de 10 p° ou de 12 p° faire couler un vaisseau en éclatant dans les parois du navire au-dessous de la ligne de flottaison.

Cette remarque et la grande difficulté de porter avec soi de gros projectiles en nombre suffisant fit restreindre ce genre de matériel au canon à la Paixhans de 8 p°, qui répond à toutes les exigences d'un combat naval, mais on fut amené à employer généralement les projectiles creux dans la marine et la défense des côtes, en remplacement des boulets rouges. Dans les guerres de siége, les pièces de ce modèle seront de grande importance, dans ce sens qu'on pourra s'en servir indistinctement dans la défense des côtes, des rades, des ports, des fleuves, des hauteurs et des chemins éloignés, mais vus encore par le canon de la place. On pourra encore les employer contre les batteries d'enfilade et de brèche, situées un peu loin de la place, comme cela aura lieu dans le siége des places modernes. Ces avantages seront d'autant plus grands pour l'assiégé qu'il peut aisément se servir des chemins de fer et des bateaux à vapeur pour amener le gros matériel.

---

## §. 5.

### Amélioration de l'artillerie de campagne.

Depuis l'année 1828, toutes les puissances continentales s'occupèrent activement de l'amélioration de leur artillerie de campagne; ils s'approprièrent le système d'affûts déjà très perfectionnés dont l'Angleterre se servait; ils laissèrent de côté toutes les particularités de construction ayant pour but de faciliter l'embarquement et le débarquement mais qui pour l'usage spéciale sur terre ferme ne présentaient pas d'avantages. De longues campagnes avaient prouvé la durée, la mobilité, de ce matériel. La France, les Pays-Bas, la Belgique, le Hanovre, adoptèrent le système anglais; la France chercha à donner la prépondérance à son système, en introduisant des canons de 8 à la place des canons de 6 et de longs obusiers du calibre d'un boulet de 24.

En Prusse on se décida en 1842 pour le système d'affût nouveau modèle, maintenant employé; on ne changea rien aux calibres, mais on allégea les bouches à feu, on construisit les affûts d'une manière plus rationnelle et on obtint ainsi une artillerie qu'aucune autre ne dépasse sous le point de vue de la facilité du service et des manœuvres, grâce au dépôt de munitions fixé à l'avant-train, et qui rend la pièce beaucoup plus indépendante du caisson que dans d'autres artilleries.

L'Autriche et la Bavière (le général Zoller) améliorèrent leur artilleriede campagne en introduisant de longs obusiers et des affûts plus mobiles; le grand duché de Bade, le Wurtemberg, la Suède, etc..., ne restèrent pas en arrière, grâce à l'emploi très-étendu qu'ils firent du fer pour le construction des affûts. Cependant les affûts de campagne tout en fer construits en Wurtemberg ne furent psa accueillis favorablement; l'expérience a prouvé que frappés par des projectiles, ils se déformaient et se déchiraient plus que les affûts en bois.

Nous avons déjà dit que l'artillerie de campagne avait trouvé dans l'emploi des shrapnels un nouveau moyen d'effet des plus puissants, et que la question, non encore décidée de la longueur des obusiers, semble par là devoir être resolue dans le sens des obusiers longs, précisément à cause que les obusiers longs donnent aux shrapnels un effet plus puissant, plus meurtrier; toutefois la Prusse augmenta beaucoup l'action de ses obusiers courts en perfectionnant son tir, dont la complication et la lenteur très-peu appropriée au service de campagne, peut être simplifiée par l'emploi des sabots.

Presque toutes les puissances atteignirent les limites extrêmes de l'allégement de l'artillerie de campagne; limites qu'on ne pourrait dépasser sans nuire au tir des pièces, qui dépend des relations existantes entre la charge, le projectile, le poids de la bouche à feu et celui des affûts.

Cependant quelques personnes, peu au fait de la question, demandent que le poids des bouches à feu soit encore diminué; ce résultat pourrait sans doute être obtenu au moyen de l'acier fondu (matière très-résistante); mais il aurait pour effet de mettre bien vite les affûts hors de service à cause de l'action trop énergique du recul. On doit encore ajouter à cela que sans doute une bouche à feu en bronze est plus promptement mise hors de service qu'une bouche à feu en acier fondu; mais, d'autre part, le bronze conserve toujours sa valeur et la refonte d'un canon de 6 ne coûte environ que 80 thalers, tandis que le vieil acier est à peu près sans valeur. On chercha à donner aux canons en acier fondu le poids nécessaire en les recouvrant d'un manchon en fonte ou en bronze; mais alors ces pièces revenaient toujours plus chères que celles qu'on faisait en bronze.

Le fabricant Krupp, à Essen, atteignit toute la perfection requise dans ce genre de pièces, par la construction d'un canon de 3 qui résista à toutes les épreuves et d'un canon de 6 envoyé maintenant à l'exposition de Londres.

---

## § 6.

### Amélioration des canons de siége et de place.

Toutes les grandes puissances s'appliquèrent aussi à modifier et simplifier leur matériel de siége et de place. On restreignit ce matériel à des pièces d'un calibre aussi faible que possible; les canons et les obusiers pouvant être transportés sur leurs affûts, les mortiers sur des voitures à cet usage et faciles à manier. Les pièces de fonte, dont les Anglais avaient fait un usage si excellent dans les siéges de la Péninsule, furent adoptées partout. La Suède, l'Angleterre, l'Amérique, la Belgique, l'Espagne, Naples, la France, l'Autriche (Styrie), tirèrent la fonte de leur fer indigène; le fer de la Suède sert aussi pour l'artillerie danoise; mais la Prusse et le reste de l'Allemagne ne peuvent jusqu'à présent tirer parti de leur fer pour la fabrication des canons, attendu qu'on a malheureusement préféré jusqu'ici le tirer d'Angleterre, de Belgique, de Suède, où on l'achetait à bon marché, plutôt que d'employer assez d'argent dans nos forges pour rendre notre fer propre à servir à la fonte de nos pièces.

Pour un usage continu et rapide, avec charge au 1/3, on pensa (en Allemagne) que même le fer suédois ou anglais n'était pas d'un emploi assez sûr pour les canons de brèche (24 long, 18 et 16). On préféra employer à cet usage les pièces en bronze ; car, malgré tous les soins donnés à la fabrication et toutes les précautions prises dans leur usage, on a vu même dernièrement des bouches à feu en fonte éclater subitement (en 1845, sur le vaisseau *Prinzton*).

L'avantage qu'on a de n'être pas obligé de forer les pièces en fonte, la forme cylindrique de la culasse, la forme arrondie du fond de l'âme, toutes ces circonstances ont donné depuis une plus grande résistance à de pareilles pièces.

---

## § 7.

### Effets de la poudre sur les pièces.

Des expériences faites en France, en Autriche, en Prusse, montrèrent combien peu les canons actuels en bronze résistent à l'action de la poudre employée comme elle l'est aujourd'hui, puisque les bouches à feu les plus lourdes résistaient à peine à 100 coups (à la charge de 1/2 ou de 1/3), sans qu'un logement considérable ne vînt les mettre hors de service.

On ne pouvait pas penser (pour remédier à cet inconvénient) à fabriquer une poudre plus faible, puisque son action balistique eût diminué, et que sa fabrication eût entraîné de grandes difficultés.

Piobert trouva, en 1830-1845, le meilleur point de carbonisation pour le charbon employé à la fabrication de la poudre; il détermina la densité la plus convenable à donner au grain pour faire la poudre la moins brisante possible, sans diminuer sa durée et son action.

---

## § 8.

### Gargousses allongées.

L'emploi de notre poudre actuelle, très-puissante et douée de toutes les qualités désirables, parut devoir être sans danger même pour les pièces en bronze, à condition d'agrandir la chambre afin que la masse de gaz engendrée subitement pût se répandre dans un espace vide approprié à cette force; en un mot, on adopta les gargousses allongées, dont la longueur est les $\frac{141}{128}$ de celle des anciennes.

Des expériences, faites en Belgique et en France avec de pareilles gargousses dans les canons en fonte, ont prouvé que, même avec des pièces de cette sorte, on peut tirer avec entière sûreté; qu'avec de pareilles gargousses, le tir gagne beaucoup en justesse sans rien perdre en portée; que l'âme des pièces de bronze n'est pas avariée après plusieurs milliers de coups tirés dans ces conditions.

---

## § 9.

### Diverses sortes de poudre. Poudre fulminante.

Pour éviter les effets destructeurs de la nouvelle poudre sur les canons et y remédier, on fit aussi des essais avec les petites armes, qui ne furent endommagées sérieusement par aucune espèce de poudre, quelque forte qu'elle fût. On reconnut par là bientôt que la poudre ordinaire de fusil avait une action bien plus régulière et tout aussi énergique que la poudre plus fine (telles que poudre de chasse, etc.), de sorte qu'on ne se servit plus que d'une seule espèce de poudre pour les petites armes, ce qui simplifia beaucoup la fabrication. Ainsi, il suffisait désormais d'avoir *une* poudre à canon, *une* poudre à mousquet. On doit ajouter encore que la manière de mettre le feu fut beaucoup améliorée par l'adoption des étoupilles (chlorate de potasse) à percussion et à friction, cependant on n'a nullement réussi à appliquer cette préparation au tir des projectiles ou à l'éclatement des bombes ou obus; car, dans le premier cas, elle agit d'une façon très-destructive sur le récepteur; dans le second, sur le projectile, qui éclate dans l'âme même de la pièce.

Quelques livres de poudre fulminante peuvent être employées avec le plus grand succès à faire sauter des pièces ennemies, des palissades, des portes de ville, des murs blockhaus, mais il faut l'employer directement. Les dangers de la fabrication de cette poudre fulminante, très-grands au commencement de la découverte, ont beaucoup diminué depuis.

On emploie à la confection des capsules le mercure fulminant (azoture de mercure), dont l'action explosive est plus redoutable, mais dont l'action chimique sur le fer et l'acier n'est pas autant à craindre que celle du chlorate de mercure.

Les pyroxiles, ou même aussi toute matière provenant d'un mélange, à volume égal d'acides azotique et sulfurique concentrés et de charbon préparé, bois, coton, étoupes, foin, sucre, etc., furent découverts en 1844, par Schœnbein (1), et employés immédiate-

(1) C'est M. Pelouze qui découvrit le pyroxile plusieurs années auparavant; à M. Schœnbein revient la découverte du coton-poudre proprement dit et l'idée de son application aux armes à feu. (*Note du traducteur.*)

ment après leur préparation d'ailleurs très-dangereuse. Ces substances ont donné des effets puissants, et ne laissant presque aucun résidu; un peu d'humidité ne les altère pas, elles se décomposent cependant assez vite sous l'influence de la chaleur, de l'air et de l'humidité atmosphériques; elles ne conviennent donc pas.

---

## § 10.

### Construction particulière des canons se chargeant par la culasse.

Depuis l'année 1843, le colonel sarde Cavalli et le baron Wahrendorff, tous deux possesseurs de fonderies à Æker, en Suède, travaillèrent avec succès à construire des canons de fonte se chargeant par la culasse. Il y avait longtemps qu'on avait abandonné ce système d'ailleurs le plus ancien, parce qu'à la longue, en employant de fortes charges, aucune fermeture ne résistait suffisamment. Les inventeurs partirent du principe suivant : On atteindrait ce but voulu si on pouvait, au moment où le gaz se produit, le forcer à se diriger sur une matière et sur un mécanisme assez résistant pour ne pas céder à la chaleur à la force d'explosion, et susceptible de former au fond de l'âme une fermeture instantanée et hermétique. Ce système, dont le mécanisme devrait être très-simple et très-solide, serait de plus fixé à la pièce, de manière qu'on pût charger en ouvrant et fermant facilement.

De pareilles pièces seraient d'un bon usage dans la guerre de siége, derrière des gabions et pour la défense des côtes; on pourrait s'arranger de manière à ce que ces pièces ne reculent pas ou, du moins, reviennent en batterie toutes seules après le coup tiré, ce qui permettrait de beaucoup diminuer le nombre d'hommes nécessaire pour la manœuvre.

Pour terminer l'âme de la pièce, percée dans toute sa longueur, Cavalli choisit un anneau très-solide en cuivre fondu; Wahrendorff adopta le même anbre neau, mais le fit en fer forgé.

« C'est contre cet anneau en cuivre (*a*) que s'appuie le plan antérieur d'un coin, enfoncé dans une ouverture latérale pratiquée à travers la culasse. Ce coin, qui forme la fermeture de la pièce, est muni de deux poignées au moyen desquelles on peut l'engager dans son encastrement ou l'en retirer, suivant qu'on veut charger ou tirer. La face verticale postérieure du coin est inclinée, par rapport à la face antérieure qui est perpendiculaire à l'arc de la pièce; cette disposition a pour but d'introduire plus aisément le coin et d'utiliser une partie de l'impulsion de recul pour l'ébranler, afin qu'on puisse, le coup parti, le retirer plus facilement. La charge ne repose pas directement sur la face antérieure du coin, mais sur un culot (*b*) qu'on place derrière la charge et qui a pour but d'éloigner tant soit peu la charge du coin, et de recevoir les résidus de la combustion de la poudre, pour qu'ils ne s'attachent pas au coin même.

« Pour introduire ce culot, on le saisit au moyen de son manche (*c*) qu'on y visse par un double tour(1). »

Coupe longitudinale.

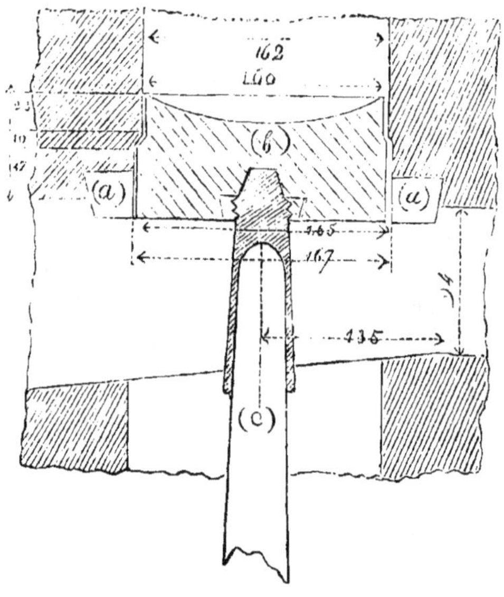


(1) L'alinéa compris entre guillemets a été tiré, en subtance, d'un mémoire de M. J. Cavalli ; nous avons cru devoir le substituer au texte qui est un peu confus en cet endroit.
(*Note du traducteur.*)

Des expériences faites en Suède, en Russie et en Prusse, avec des pièces de petit et de gros calibre, ont prouvé que ce système résistait à plusieurs milliers de coups, qu'il était d'un emploi sûr, facile et très-approprié aux batteries casematées.

Cependant la complication du service de cette bouche à feu et le nombre des pièces existantes s'opposent à son adoption actuelle.

## III.

# CANONS A AME RAYÉE

ET

## AVEC PROJECTILES CYLINDRO-CONIQUES.

Déjà depuis l'année 1840 on avait essayé, en Angleterre, en France et en Suède, de rayer les âmes des canons, pour transporter à l'artillerie, sur une plus grande échelle, tous les avantages qu'on avait tirés des cannelures appliquées aux armes portatives. Toutefois, il ne fallait pas que ce nouveau système fît abandonner les projectiles en fer, supérieurs à tous les autres, grâce à leur résistance (quand on les projette contre des corps très-durs), à leur difficile explosion, à leur bon marché.

Cavalli donna d'abord deux cannelures opposées à son canon se chargeant par la culasse (calibre de 24); le pas des hélices était de 10 pieds, la profondeur des cannelures de 1/2 p$^{e}$, et leur largeur de 1 p$^{o}$ 1/2.

Le projectile était un cylindre creux, en fer, avec une pointe conique de deux diamètres environ de haut; le diamètre de ce projectile était à peu près égal à celui du boulet ordinaire, avec un jeu de 0 p$^{o}$ 10.

Le long de sa surface, on trouvait deux ailettes en fer, placées de manière que le projectile se trouvait engagé par là dans les cannelures de l'âme, en conservant pourtant un certain jeu.

Les premiers essais montrèrent bien qu'on pouvait donner une rotation certaine au projectile autour de l'axe de l'âme, que sa pointe était toujours dirigée en avant, même en ricochant sur la glace, que la portée allait jusqu'au double de la portée ordinaire (5,000 ou 6,000 pas); mais, d'autre part, on remarqua de grandes déviations irrégulières, mais toujours dans le sens même de la rotation du projectile sur lui-même; ces déviations ont été jusqu'à 1/10$^{e}$ de la portée.

Des expériences continues depuis 1846 jusqu'à 1847, en Suède, n'amenèrent pas de meilleurs résultats. Malgré tous les essais faits, soit en supprimant le jeu du projectile, soit en changeant la forme des projectiles (comme, par exemple, en donnant au projectile une longueur égale à six fois celle du diamètre, on ne put obtenir une trajectoire plus régulière, un tir plus juste).

En France, on raya des canons en bronze, on enveloppa les projectiles de plomb ou d'un alliage, et c'est cette enveloppe qui devait entrer dans les cannelures. On fit des projectiles sur le modèle de ceux que M. Minié employait à l'usage des petites armes, mais on n'atteignit nullement les résultats cherchés, si ce n'est de grandes portées ; on observa toujours les déviations dans le sens de la rotation. Comme en France on voulait conserver la construction ordinaire des canons et la manière de charger par la bouche, même pour les canons rayés, on essaya dernièrement de mettre des cylindres en fonte dans l'âme du canon et de les y fixer au moyen de tiges de fer, de façon que ces tiges pussent former les pleins sur lesquels viendraient s'engager les creux correspondants des projectiles employés. Dans le tir, ces tiges se déplaçaient ; la rotation du projectile était incertaine.

En Angleterre, on fit des essais semblables avec aussi peu de succès, surtout parce que l'on ne put pas parvenir à empêcher que la charge, en éclatant, n'arrachât l'enveloppe de plomb dont on pourvoyait les projectiles pour les mettre en état de suivre les cannelures.

Ce phénomène très-remarquable de la déviation constante du projectile dans le sens de la rotation, se présenta dans toutes les expériences ; la meilleure manière de l'expliquer est d'admettre que le projectile qui suit les cannelures, en tournant de gauche à droite (par exemple), reçoit, au départ, un choc latéral qui dévie la trajectoire (1).

Maintenant encore on fait des recherches de ce genre dans toutes les grandes puissances; on doit espérer qu'elles aboutiront à un bon résultat, d'autant que dès lors l'effet d'une pièce d'artillerie devient indépendante du calibre, outre que la portée est considérablement augmentée. En faisant varier la partie cylindrique du projectile, on peut lui donner le poids qu'on veut, en faire un projectile creux, être certain d'atteindre le but avec la pointe et, par suite, de faire éclater la capsule fulminante qu'on voudrait y attacher; enfin toutes ces propriétés donneraient au nouveau matériel une grande supériorité dans les guerres de siége, de mer et de défense des côtes.

---

## § 2.

### Coup d'œil sur l'Artillerie.

Les calibres de l'artillerie sont très-simplifiés dans presque tous les pays. On compte le canon de 12, ce-

---

(1) Plusieurs causes perturbatrices, tenant à la résistance de l'air et dues au mouvement de rotation du projectile et à sa forme, contribuent à le dévier.

(*Note du traducteur.*)

lui de 6, celui de 8, l'obusier de 7 livres, etc. Les bouches à feu, les affûts sont aussi légers que possible eu égard à la solidité et la durée ; ils ont une mobilité suffisante pour tous les usages de la guerre ; entre toutes, l'artillerie prussienne se distingue surtout par l'indépendance de la pièce d'avec l'avant-train. Dans toutes les artilleries on doit chercher à remplacer les canons de 8 et de 6 par des canons de 12 plus légers que ceux en usage ; cette simplification jointe à l'emploi des shrapnels augmenterait l'effet de l'artillerie ; on ne doit pas cependant renoncer pour cela à la mobilité des pièces, condition maintenant indispensable sur le champ de bataille.

Les puissances qui ont besoin d'une artillerie de montagne, ont employé à cet effet l'obusier court de 12 livres (obusiers de 12 c.). Cette arme utile porte à 800 pas. Des batteries de fusées furent employées par les Autrichiens en Hongrie et en Italie, et cela avec succès partout où on manquait d'artillerie; mais les fusées ne peuvent jamais remplacer les pièces, puisque leur usage se trouve restreint à des cas fort rares ; comme d'ailleurs les petites armes portent maintenant si loin, il ne paraît pas avantageux de traîner avec soi des batteries de fusées.

La grande mobilité et la puissance de l'artillerie actuelle la rendra très-propre, dans les prochaines batailles, à décider de l'action, d'autant que sur le champ de bataille, grâce à la facilité du service, l'artillerie à pied elle-même est très-suffisamment mobile, et que ce n'est que pour de grands mouvements, par exemple pour tourner une position, que l'artillerie à cheval mérite la préférence.

## 2° ARTILLERIE DE SIÉGE ET DE PLACE.

Son matériel est aussi très-simplifié ; il comprend : les canons de 24 liv., de 16 liv. et de 6 liv.; les obusiers de 7 liv. et de 24 liv.; les mortiers de 7, 25, 50, et les pierriers. On peut se passer de mortier de plus gros calibre que 50 liv., à cause de la justesse et de la portée du canon-obusier de 25. L'emploi de la fonte pour les bouches à feu et les affûts rend ceux-ci plus solides, moins chers; là où les affûts sont peu vus par le canon ennemi, on a trouvé que les affûts en bois et en fer forgé résistaient bien et duraient longtemps, et pouvaient être rendus assez légers; on a reconnu les mêmes propriétés aux affûts tout en fer forgé, comme on les fabrique en Prusse. La défense des places gagne beaucoup à la facilité de manœuvre de ces pièces.

Les chemins de fer et les bateaux à vapeur vont rendre maintenant bien plus facile le transport, autrefois très-pénible, du matériel de siége.

D'autre part, le défenseur acquiert la faculté de s'éclairer facilement au moyen des fusées ou des balles à feu ; la grande portée de l'obusier de 25 liv., et celle du canon-obusier de même calibre forceront l'assiégeant à éloigner ses parcs et ses dépôts et rendront les approches plus difficiles, plus meurtrières.

Si on arrive (et on peut à peine en douter) à rayer les canons et à se servir de projectiles cylindro-coniques. L'effet de l'artillerie de place y gagnera beaucoup ; en effet, les pièces seront mises en état d'agir avec de grands projectiles creux contre les batteries ennemies avant que celles-ci n'aient pu s'établir ; plus tard, elles pourront, derrière des abris, continuer leur action destructive contre l'artillerie ennemie, et tous les ouvrages qu'il entreprendra. De même un emploi bien entendu des shrapnels et des fusées pourra être d'une grande utilité pour la défense; car les shrapnels, tirés dans des obusiers de 25 et des canons-obusiers, peuvent encore exercer à 1,500 pas une action meurtrière sur des troupes ennemies placées à découvert, et les fusées auraient à coup sûr un puissant effet de destruction contre les batteries de brèche et les contre-batteries, comme l'ont prouvé les expériences faites à Metz en 1835 par le général Valée.

## NOTICE SUR LE FUSIL A AIGUILLE.

Nous allons essayer de donner une idée du principe du mécanisme du fusil à aiguille. Il se compose dans sa partie supérieure : 1° d'un cylindre AB, fixe et percé d'une fente longitudinale qui se recourbe à angle droit en *ab*. Ce cylindre est fixé d'une manière invariable au canon.

2° D'un second cylindre mobile, séparé en deux parties distinctes, dont l'une forme le *prolongement* de la *chambre*, l'autre la *boîte* renfermant le mécanisme destiné à armer le fusil. Ce cylindre est attenant à un manche engagé dans la fente du 1er cylindre et au moyen duquel on peut faire glisser le 2me cylindre dans le premier.

Pour charger, on tire à soi le cylindre mobile au moyen de l'ouverture du 1er cylindre, on place la charge dans la chambre, puis on referme ; le fusil est chargé ; il s'agit de l'armer, c'est à quoi sert le 3me cylindre :

3° Ce 3me cylindre est mobile dans le 2me, il renferme l'*aiguille* CD et le *porte-aiguille* DE ; quand l'arme est chargée, on peut, au moyen du manche, retirer le 3me cylindre en arrière ; il entraîne dans son mouvement le *porte-aiguille* DE, dont le *talon e* vient s'engager derrière le *talon* de la *gâchette;* on repousse alors le 3me cylindre et on le ferme. Mais le *porte-aiguille* arrêté en *e*, ne peut suivre le mouvement. Sa *queue fg* sort par une ouverture ménagée à cet effet dans le 3me cylindre, et le ressort à boudin *hi* se trouve comprimé entre le *talon e* et le fond du 3me cylindre.

Quand on abaisse le talon de la gâchette, le ressort agit sur le porte-aiguille, et l'aiguille qui y est fixée se trouve lancée dans la charge ; elle y pénètre et va mettre le feu à la capsule fulminante placée entre le *culot de la balle* et le fond de la charge.

L'inflammation se fait d'avant en arrière. Il nous a semblé que les principaux inconvénients du fusil à aiguille étaient les suivants :

1° La fermeture ne se fait pas assez exactement pour empêcher que les gaz ne s'échappent latéralement. Cette circonstance doit rendre l'usage du fusil à aiguille très-incommode dans les rangs et doit amener un certain désordre, sinon dans un champ de manœuvre, du moins dans une action véritable.

2° L'ouverture très-étroite percée à travers les cylindres n°s 2 et 3, pour laisser passer l'aiguille destinée à mettre le feu, doit être assez rapidement dégradée par l'action des gaz.

Pour atténuer cet inconvénient, et en même temps pour guider l'aiguille, on a enveloppé cette ouverture d'une sorte de *cheminée* conique assez mince qui pénètre très-avant dans le vide laissé derrière la chambre ; ce vide, dont on a déjà parlé, sert aussi à affaiblir l'action des gaz et diminue en même temps le recul.

3° Un entretien minutieux ;

4° Des munitions assez compliquées ;

5° A ces inconvénients inhérents à la disposition de l'arme, il en faut ajouter un, qui est commun à toutes les armes permettant de faire un feu très-rapide ; les troupes (surtout si ce sont des recrues) épuisent de suite leurs munitions avant que l'ennemi soit à bonne portée.

Cet inconvénient s'est fait sentir dans la dernière guerre des Prussiens et des Danois. Cependant on doit reconnaître au fusil à aiguille les propriétés suivantes (inhérentes à l'arme) :

1° Facilité et rapidité dans le tir ;

2° Facilité de démonter et remonter rapidement l'appareil : ces deux opérations peuvent se faire sans qu'il soit besoin de visser et dévisser plus d'une seule vis.

En résumé il semble que, si l'emploi général du

fusil à aiguille présente de graves invonvénients, son usage peut dans des cas particuliers présenter de notables avantages.

On pourrait l'employer avec succès contre la cavalerie.

Son usage serait encore très-utile partout où il devient difficile de charger les armes par suite d'agglomération d'hommes ; par exemple dans les embarcations, chaloupes, etc., etc. En effet, l'homme peut alors charger sans changer son fusil de position.

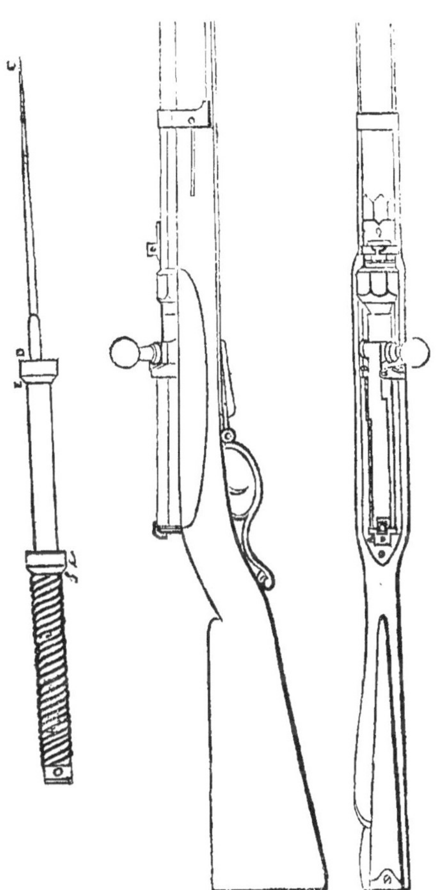

*N.B.* — Les croquis ci-dessus ont été pris sur un modèle construit en Angleterre à Enfield.

# TABLE DES MATIÈRES.



FIN DE LA TABLE.

PARIS. — TYPOGRAPHIE DE H. V. DE SURCY ET C[e], RUE DE SÈVRES, 37.

www.ingramcontent.com/pod-product-compliance
Lightning Source LLC
LaVergne TN
LVHW050432160826
845677LV00002BA/670

* 9 7 8 2 3 2 9 6 7 6 1 5 9 *